Inhalt

IT-Technologie - Der Browser wird zum zentralen Steuerinstrument

Kernthesen

Beitrag

Fallbeispiele

Weiterführende Literatur

Impressum

GENIOS WirtschaftsWissen Nr. 10/2008 vom 02.10.2008

IT-Technologie - Der Browser wird zum zentralen Steuerinstrument

M.Westphal

Kernthesen

- Der Software-Markt steht vor revolutionären Veränderungen von lokal installierten Programmen hin zu internetbasierten Applikationen.
- Die Anforderungen an den Browser werden sich dabei ändern, und er wird sich als zentrale Steuer-Applikation des Computers etablieren.
- Google hat einen eigenen Browser vorgestellt, der ideal in die eigene Strategie

passt, sich aber auch den Entwicklungstendenzen des Internets anpasst.

Beitrag

Seit dem 02. September dieses Jahres ist der Google-Browser "Chrome" kostenfrei herunterzuladen. Bisher wurden Browser nur dazu genutzt, den Zugang zum Internet zu ermöglichen und die Web-Seiten anzuschauen. Allerdings wird sich diese Funktion in Zukunft ändern. Der Browser wird dann nahezu das Betriebssystem des Rechners sein.

Google hat einen eigenen Browser vorgestellt und steigt damit in einen strategischen Markt ein

Die Tatsache, dass die Datenleitungen immer schneller werden und dass Speicherplatz immer günstiger wird, wird in Zukunft verstärkt dazu führen, dass Funktionen, die bisher lokal auf dem Rechner ablaufen, in Zukunft bei Onlinedienstleistern ablaufen werden. (1)
So ist der Browser der Zukunft ein Programm mit strategischer Bedeutung, da er den Nutzer bewusst

zu bestimmten Anbietern lenken kann. Außerdem kann der Browser natürlich auch auf die eigenen Anwendungen optimiert werden. (1)
Das ist auch das Geschäftsmodell, welches Google mit der Präsentation seines Browsers verfolgt. Das Geschäftsmodell des Konzerns basiert darauf, möglichst viele Nutzer auf von Google angebotene Seiten zu bringen, um dort Werbung präsentieren zu können. Denn aus Werbung erhält das Unternehmen nahezu 100 Prozent seiner Einnahmen. (1)

Das Internet stellt wachsende Anforderungen an die Browser

Anfang der 90er Jahre war das Internet noch jung. Es gab nur HTML 2.0 als Web-Seiten Programmiersprache und die Seiten waren ein fester Satz aus Texten, Bildern und Grafiken. Änderungen waren sehr aufwendig durchführbar. Der Standardbrowser war der "Netscape Navigator". Erst Mitte der 90er Jahre erkannte Microsoft das Potential, welches im Internet lag und brachte seinen Browser "Internet Explorer" auf den Markt und machte diesen zu einem festen Bestandteil seines Betriebssystems Windows. Dadurch, und verknüpft mit Microsofts enormer Finanzkraft, wurde Netscape komplett vom Markt verdrängt. Im Jahre 2003 hatte

der Internet Explorer einen Marktanteil von 90 Prozent auf dem Browser-Markt. Dies allerdings führte dazu, dass der damals aktuelle Internet Explorer in der Version 6 nicht mehr weiter entwickelt wurde. Doch wähnte sich Microsoft hier zu schnell am Ziel, denn im Jahre 2004 wurde das Open Source Programm "Mozilla Firefox" veröffentlicht. Dieses Programm konnte die inzwischen dynamisch gewordenen Web-Seiten schneller darstellen, war einfacher zu bedienen und bot auch weitaus mehr Sicherheit. Kurze Zeit später kam der Browser "Opera" auf den Markt, der dem Internet Explorer 6 ebenfalls überlegen war. Und auch Apple entwickelte seinen eigenen Browser "Safari", der auf dem PC wie auch auf Apples iPhone läuft. (2)
Gerade die als Web 2.0 bekannte Entwicklung mit Programmen wie Google Maps, Google Earth, Facebook, MySpace, YouTube und vielen anderen Applikationen, erforderte andere Browsertechnologien. Die Browser sollten die Seiten nicht nur anzeigen, sondern diese auch bearbeiten und Daten austauschen, oder Transaktionen abwickeln und Werbung anzeigen. (2)
Die wachsende Konkurrenz führte dazu, dass auch Microsoft viel Geld in die Weiterentwicklung seines Browsers steckt und mit dem Internet Explorer 8 vor kurzem eine Beta-Version auf den Markt gebracht hat. (2)

Microsofts Internet Explorer ist noch der Platzhirsch auf dem Browser-Markt

Aktuell ist der Internet Explorer mit etwa 72 Prozent Marktanteil noch der führende Browser vor dem Mozilla-Browser mit 20 Prozent. (3)
Ein wesentlicher Grund für die Marktdominanz des Internet Explorers ist, dass dieses Programm auf nahezu jedem PC vorinstalliert ist und kostenfrei zum Betriebssystem mitgeliefert wird. (1)
Aber gerade im Online-Bereich ist Microsoft, nicht nur aufgrund der Entscheidung der EU-Kommission, die die enge Kopplung der Microsoft-Programme untersagt, in der Defensive. Der Plan, Yahoo zu übernehmen und damit zu einem mächtigen Player im Online-Bereich aufzusteigen, ist nicht gelungen. (1)

Der Software-Markt wird sich revolutionieren

Viele Fachleute schätzen, dass der Software-Markt sich bald komplett ändern wird. Google könnte hierbei einer der großen Gewinner sein. Denn die

Nutzer werden sich die Software-Programme nicht mehr auf ihren Rechner abspeichern, sondern sie je nach Bedarf direkt im Internet nutzen, sei es kostenfrei und damit werbefinanziert oder per Bezahlung nach Nutzung. (2)
So hat Adobe unter dem Namen "Buzzword" oder Google als "Google Apps" Textverarbeitungen veröffentlicht, die weitere Konkurrenten für Microsoft darstellen, da diese Applikationen das Microsoft Office-Paket ersetzen können. Google Apps bietet darüber hinaus auch eine Kalkulations-Applikation. (2)
Der Browser-Krieg wird sich nicht nur auf den PC-Markt beschränken, sondern sich auf Mobiltelefone ausweiten. In diesem Markt konnte sich bisher noch kein bestimmter Browser oder kein bestimmtes Betriebssystem etablieren. Auch in diesem Segment versucht Google Fuß zu fassen und hat mit der Einführung seines Betriebssystems "Android" ein Konkurrenzprodukt zu "Microsoft Windows Mobile" auf dem Markt gebracht. (1)
Der zukünftige Erfolg von Google wird wesentlich davon abhängen, dass das Unternehmen sein Image als Datenkrake ablegen kann. Gewinnt Google am Ende den Browser-Krieg, könnte das Google erfolgreicher werden, als Microsoft es jemals war. (2)

Der Google-Browser setzt in vielen Bereichen neue Standards

Eigentlich wollte Google seinen neuen Browser auf der 10-Jahres-Feier des Unternehmens vorstellen. Allerdings wurde die Ankündigung aus Googles Marketing-Abteilung fälschlicherweise per E-Mail zu früh versandt. So wurde die Veröffentlichung des Browsers mit dem Namen "Chrome" gezwungenermaßen vorgezogen. (2)
Die Besonderheit des neuen Google-Browsers in der aktuell erhältlichen Beta-Version ist, dass er für die Ausführung dynamischer Seiten optimiert ist. Außerdem stürzt nicht gleich der gesamte Browser ab, wenn er sich in einem Browser-Fenster aufhängt hat. Denn alle anderen Fenster bleiben noch funktionsfähig. (2)
Chrome ermöglicht eine Inkognito-Funktion, die die Aufzeichnung der besuchten Seiten verhindert, was insbesondere bei von mehreren Nutzern verwendeten Computern sinnvoll ist. Diese Funktion gibt es aber auch bei Safari oder dem Internet Explorer 8.
Der neue Internet Explorer erlaubt dabei eine selektive Auswahl, wie viel Informationen darüber gespeichert werden sollen, auf welchen Seiten sie sich bewegen und was sie dort machen. So soll mit dem neuen Explorer nicht mehr nachvollziehbar sein, welche Web-Sites besucht werden. (4), (5), (6)

Die Adresszeile im Chrome-Browser heißt "Omnibox" und macht schon beim Eintippen Vorschläge für Seiten, die der Nutzer bereits besucht hat, wobei diese Lösung sich nicht auf Seiten beschränkt. Außerdem lädt der Browser ständig aktualisierte Listen infizierter Webseiten und warnt, wenn ein Kunde diese aufrufen will. Alle Anwendungen laufen in einer so genannten Sandbox, die dafür sorgt, dass sie parallel in voneinander abgeschirmten Räumen ablaufen. Das verhindert einerseits im Falle eines Viren- oder Trojaner-Angriffs, dass eine Attacke die gesamte Browser-Software infiziert, und andererseits stürzt nicht der gesamte Browser ab, wenn eine Anwendung kollabiert. (5)
Aber der neue Browser ermöglicht zusätzlich die Nutzung von internetbasierten Programmen als wären sie auf dem eigenen Computer installiert. Es muss einfach das entsprechende Applikations-Icon angeklickt werden und schon startet die Anwendung, ohne, dass der Browser überhaupt aktiv gestartet werden muss. Die neue V8 genannte Technologie ermöglicht eine bessere Performance bei JavaScript-Jobs. Dadurch werden weitaus anspruchsvollere internetbasierte Programme ermöglicht. (4)
Der Hauptvorteil, den Chrome dem Nutzer bringt, ist, dass alle Anwendungen aus dem Internet wie Textverarbeitung oder Videoseiten viel schneller ablaufen sollen. Das gilt vor allem für die Google-

eigenen Web-Applikationen. (2)
Diese Tatsache macht Chrome zu einem strategischen Baustein im Google-Portfolio. Denn damit kann Google zu dem Anbieter erwachsen, der sämtliche Wünsche der Computernutzer aus einer Hand erbringen kann und somit alle anderen Konkurrenten überflüssig werden. (2)

Ein eigener Browser, das ist ein schlüssiger strategischer Schritt für Google

Die Vorstellung des eigenen Browsers passt in die Strategie von Google. Denn das Unternehmen hat in den vergangenen Jahren diversifiziert in das traditionelle Geschäftsfeld von Microsoft. Zum einen hat das Unternehmen ein Betriebssystem für Mobiltelefone namens "Android" entwickelt. Aber auch im Office-Bereich hat Google internetbasierte Lösungen für Textverarbeitung und Tabellenkalkulation geschaffen. So werden Konkurrenzprodukte zum Betriebssystem Windows als internetbasierte Dienste angeboten. Wohingegen die Microsoft-Produkte alle auf der lokalen Festplatte installiert werden müssen. Zur optimalen Nutzung dieser internetbasierten Applikationen dient der neue

Browser. Der bisherige Vorteil der Microsoft-Programme war, dass der Funktionsumfang deutlich größer war als das, was internetbasierte Dienste bieten konnten. Der wesentliche Grund hierfür war neben zu schmalen Übertragungsbandbreiten vor allem die mangelnde Qualität der Browser. Der neue Browser soll da nun Abhilfe schaffen, in dem er es ermöglicht, weitaus aufwendigere Applikationen zu nutzen. (3), (4)

Auch Microsoft antwortet auf die veränderten Anforderungen des Internets mit einem neuen Browser

Microsoft hat in seinen neuen Browser Internet Explorer in der Version 8 auch einen Schutz vor Cross-Site-Scripting-Aktivitäten eingebaut. Diese stellen sicher das gefährlichste Sicherheitsproblem von Webanwendungen dar. Diese Angriffe variieren mit eingefügten Skript-Tags an Orten, wo sie nicht zu erwarten sind wie auch versteckten Zeichen mit verschiedenem Coding oder angehängten Skripts an URLs.
Der Browser enthält ein neues Filtersystem, in dem mittels eines signaturbasierten Aufspürsystems die

Angriffsfläche deutlich gemindert wird. Im Falle von Angriffsversuchen wird darüber hinaus der bisherige Phishing-Filter durch einen Smartscreen-Filter ersetzt, der nicht nur schneller arbeitet, sondern auch heuristische Erkennungsmethoden nutzt.
Außerdem enthält der Browser eine deutlich verbesserte Wiederherstellungsfunktion: im Falle eines Absturzes werden beim Neuladen alle Tabs wieder aufgerufen, einschließlich aller Informationen, die auf diesen Seiten eingegeben wurden.
Interessant ist auch die Funktion der Tab-Organisation, in der beim Öffnen einer neuen Seite aus einer schon geöffneten die Tabs automatisch zusammen in Gruppen gefasst werden.
Außerdem ermöglicht der neue Internet Explorer über eine SmartKey-Funktion eine schnelle Suche von bestimmten Begriffen auf einer Seite. (7), (8)

Fallbeispiele

Microsoft brachte seinen **Internet Explorer Version 7** im Jahre 2006 auf den Markt. Er ist ein guter Browser, der allerdings relativ anfällig ist gegenüber Viren. Natürlich enthält auch dieser Browser alle gängigen Funktionen wie Tab-Browsing, RSS-Leser,

Pop-Up Blocker. Außerdem ist der Browser weitaus stärker an den Web-Standards orientiert als seine Vorgänger. (2)

Der **Firefox** Browser in der aktuellen Version 3.0 ist ein schneller Browser, der nur geringe Anforderungen an Hardware und Speicher stellt. Erhältlich ist er für alle gängigen Betriebssystem-Plattformen wie Windows, Linux und Mac OS. Es gibt für diesen Browser viele Zusatzprogramme, die einfach integriert werden können. Außerdem weist er ein integriertes Download-Fenster auf wie auch einen sehr guten Sicherheitsstandard und eine komfortable Zoom-Funktion. (2)

Apples Browser **Safari** ist seit diesem Jahre auch für das Windows-Betriebssystem erhältlich. Er gilt derzeit als der schnellste Browser auf dem Markt, hat allerdings eine schlechte Cookie-Verwaltung. (2)

Der Browser **Opera** in seiner aktuellen Version 9.5.2. ist ein sehr ausgereiftes Programm. Maßstäbe setzt der Browser bei der Lesezeichenverwaltung wie auch mit einem sehr hohen Sicherheitsstandard. Allerdings brach der Marktanteil von Opera mit der Einführung des Firefox stark ein. Auf Handys ist Opera aber immer noch sehr beliebt. (2)

Weiterführende Literatur

(1) Google greift Microsoft frontal an
aus Handelsblatt Nr. 171 vom 03.09.08 Seite 1

(2) Alles aus einer Hand
aus Handelsblatt Nr. 171 vom 03.09.08 Seite 2

(3) Google verschärft den Wettbewerb mit Microsoft
aus Frankfurter Allgemeine Zeitung, 03.09.2008, Nr. 206, S. 11

(4) Bray, Hiawatha, Browser is good for Google, perhaps for Googlers, too, The Boston Globe, 03.09.2008, S. 1
aus Frankfurter Allgemeine Zeitung, 03.09.2008, Nr. 206, S. 11

(5) Der Alleskönner Das neue Google-Paket kann im Prinzip sämtliche Windows-Anwendungen überflüssig machen
aus Frankfurter Rundschau v. 03.09.2008, S.3, Ausgabe: S Stadt

(6) Internet Explorer erhält Private-Browsing-Funktion Microsoft zieht beim Schutz der Privatsphäre im Web nach
aus Computer Zeitung, Heft 36, 2008

(7) Internet Explorer 8 lässt bequem suchen Internet Explorer 8: Beta 2 des Browsers erhält weitere Sicherheits- und Wiederherstellungsfunktionen

aus Computer Zeitung, Heft 36, 2008

(8) Beta 2 von Microsofts neuem Browser Internet Explorer 8 bringt echte Fortschritte
aus HANDELSBLATT online 28.08.2008 12:33:43

Impressum

IT-Technologie - Der Browser wird zum zentralen Steuerinstrument

Bibliografische Information der deutschen Nationalbibliothek

Die Deutsche Nationalbibliothek verzeichnet diese Publikation in der deutschen Nationalbibliografie; detaillierte bibliografische Daten sind im Internet über http://dnb.d-nb.de abrufbar.

ISBN: 978-3-7379-0345-5

© 2015 GBI-Genios Deutsche Wirtschaftsdatenbank GmbH, Freischützstraße 96, 81927 München, www.genios.de

Alle Rechte vorbehalten. Dieses Werk ist einschließlich aller seiner Teile – z.B. Texte, Tabellen und Grafiken - urheberrechtlich geschützt. Jede Verwertung außerhalb der Grenzen des Urheberrechtsgesetzes bedarf der vorherigen Zustimmung des Verlags. Dies gilt insbesondere auch für auszugsweise Nachdrucke, fotomechanische

Vervielfältigungen (Fotokopie/Mikroskopie), Übersetzungen, Auswertungen durch Datenbanken oder ähnliche Einrichtungen und die Einspeicherung und Verarbeitung in elektronischen Systemen.